Johann Nestroy

Nestroy-Lexikon

Eine Auslese der sarkastischen Stellen, Aussprüche, Witze und Bonmots aus

Nestroys Werken

Johann Nestroy

Nestroy-Lexikon
Eine Auslese der sarkastischen Stellen, Aussprüche, Witze und Bonmots aus Nestroys Werken

ISBN/EAN: 9783743424692

Hergestellt in Europa, USA, Kanada, Australien, Japan

Cover: Foto ©ninafisch / pixelio.de

Manufactured and distributed by brebook publishing software (www.brebook.com)

Johann Nestroy

Nestroy-Lexikon

Nestroy-Lexikon.

Eine Auslese

der sarkastischsten Stellen, Aussprüche, Witze und Bonmots

aus

Nestroy's Werken.

Mit Quellen-Angabe.

Berlin und Leipzig.
Alfred H. Fried & Cie.

Aberglauben. Jetzt bin ich vollendeter Liebesheld, ich habe nicht nur das Anziehende, ich hab' auch das Abstoßende in mir. . . . Mich haben meine Kameraden immer ein abergläubisches, altes Weib genannt, und wer hat jetzt recht? . . . Aberglauben is immer noch was Besseres als Unglauben und ich glaub' einmal an den Aberglauben, und ich halt große Stück auf'n Aberglauben, und mit einem Wort, um den Aberglauben nehm' ich mich an. (Höllenangst. 2. Akt, 17. Scene.)

* *
*

Aehnlichkeit. Kilian. Der Mensch hat mich für mein'n Bruder angeschaut, Du weißt, wir sehen uns so gleich.

Roserl. Das hab' ich wohl immer g'hört, aber so groß kann doch eine Aehnlichkeit nicht sein.

Kilian. Ungeheuer sag' ich Dir. Was hat's da schon in der zarten Bubenzeit für unselige Irrungen gegeben! Mein Bruder Hermann hat was ang'stellt, der Vater erwischt mich: „Wart, Hermann, Du Spitzbub'!" und beutelt mich unbändig; wie er mit dem Beuteln fertig ist, sag' ich mit weinerlicher Bubenstimme: „Ich bin ja nicht der Hermann, ich bin ja der Kilian!" . . . „Ah so," sagt der Vater, „nachher ist Dich nix an'gangen." . . . Ich geh' in den Garten hinunter, über a Weil' kommt der Vater, mich sehen und beim Kakadu erwischen, war ein Tempo. (Die Stimme des Vaters nachahmend.) „Wart', Spitzbub', ich

hab' den Kilian anstatt Deiner beutelt, jetzt sollst Du's erst recht kriegen!" Beutelt mich noch einmal, ja, ich sag' Dir's, Roserl, an so einer Aehnlichkeit ist nix G'schenkt's.
(Der Färber und sein Zwillingsbruder. 1. Akt, 13. Scene.)

* * *

„Affen"-Liebe. Die eigenen Kinder sind dem Vater gewiß immer die liebsten, und wenn's wahre Affen sind, so g'fallen ein'm doch die eigenen Affen besser als fremde Engel. Hingegen hat man als Gatte oft eine engelschöne Frau, und momentan gefallt ein'm a Andere besser, die nicht viel hübscher ist, als ein Aff'. Das sind die psychologischen Quadrillirungen, die das Unterfutter unseres Charakters bilden.
(Das Mädl aus der Vorstadt. 1. Akt, 11. Scene.)

* * *

Ahnenstolz. Wirth. Wer war denn sein Vater?
Nebel. Ahnenstolz war nie meine Sache, so weit zurück hab' ich deswegen auch meinen Stammbaum nicht untersucht.
(Liebesgeschichten und Heirathssachen. 1. Akt, 6. Scene.)

* * *

Allgemeines Bestes. Mit einem Wort, zu Ihrem Besten und zum Besten Ihrer Gläubiger wird der Ball gehalten, so ist ein allgemeines Bestes erzweckt.
(Der Zerrissene. 1. Akt, 9. Scene.)

* * *

Anhänglichkeit. Sie liebt mich, aber sie hat Vermögen, folglich ist es nicht die polypenartige Anhänglichkeit eines geldlosen Wesens an einen Mann, dem das Wort „Hei-

rathen" entschlüpft, sie weiß, die unauflöslichen Seligkeiten kommen ihr nicht aus.
(Liebesgeschichten und Heirathssachen. 1. Akt, 7. Scene.)

* *
*

Arm und reich. Lips: Armuth is ohne Zweifel das Schrecklichste. Mir dürft' einer zehn Millionen herlegen und sagen, ich soll arm sein dafür, ich nehm' f' nicht. Und was schaut anderseits beim Reichthum heraus? Auch wieder ein ödes, abgeschmacktes Leben. Wenn einem kleinen Buben nix fehlt, und er is grantig, so giebt man ihm a paar Pracker, und 's is gut. Vielleicht helfet das bei mir auch, aber bei einem Buben in meinem Alter müßten die Schläg' vom Schicksal ausgehen und von da hab' ich nix zu riskiren... Das Spielen is nix für ein'n Reichen; wenn's Verlieren nicht mehr weh thut, dann macht's Gewinnen auch kein' Freud'!
(Der Zerrissene. 1. Akt, 5. Scene.)

* *
*

Aufg'schnittenes. Frau Schulzmann. Wenn ich jetzt hinausgeh', so schneid't die mir das Kälberne und die Schunken fingerdick auf.
Kampl. Und es heißt doch deswegen „Aufg'schnittenes", weil es viel gleich sehn soll, wenn auch wenig dahinter is.
(Kampl. 2. Akt, 27. Scene.)

* *
*

Bediente. Denn Hallunken giebt's unter
D' Bedienten, 's ist g'wiß,
Das kann nur der beurtheil'n,
Der selber einer ist.
(Zu ebener Erde und im ersten Stock. 1. Akt, 3. Scene.)

* *
*

Berechnungen. Steinkopf. Hören S' auf mit den Kometen, da haben Sie sich schön blamirt!

Knieriem. Wer sagt denn das? Daß er ausblieb'n is, für das kann kein Mensch. Kommen thut er deswegen doch, ich weiß es aus die Berechnungen.

Steinkopf. Das müssen saubere Berechnungen sein! Einer bringt das heraus und der Andere was Anderes.

Knieriem. Deswegen sind die Berechnungen doch richtig. Jeder rechnet sich halt nach seiner Art und der Komet läuft nach seiner Art und is gar net schuldig, sich nach Berechnungen zu richten, er is Komet für sich.

(Zwirn, Knieriem und Leim oder der Weltuntergangs-Tag. 1. Akt, 11. Scene.)

* * *

Bescheidenheit. Bescheidenheit ist des Talentes schönste Zierde.

(Freiheit in Krähwinkel. 3. Aufzug, 14. Auftritt.)

* * *

Bildung. Constantia... Die gnädige Frau haßt das Gemeine ungemein, sie hat für nichts Sinn, als für geistige Bildung, so wie ich; sie ist selbst Schriftstellerin... Wenn einmal von etwas Litterarischem die Rede sein sollte... Sie wissen doch was davon?

Titus. Nein.

Constantia. Das ist schlimm.

Titus. Kinderei! Wenn ich auch nichts von der Kinderei weiß, von die Schriftsteller weiß ich desto mehr. Ich darf nur ihre Sachen göttlich finden, so sagt sie gewiß: „Ah, der Mann versteht's.. tiefe Einsicht.. gründliche Bildung!"

(Der Talisman. 2. Akt, 10. Scene).

* * *

Boshafte Rasse. — — Nein, auf'm Land heraußen is's schöner, da sagen s' doch noch, wenn einer stirbt: „Gott hat ihn zu sich genommen." — — Aber in der Stadt heißt's nur: „Der Doktor hat ihn unter die Erd' gebracht." — Boshafte Rasse!
(Kampl. 1. Akt, 8. Scene.)

* * *

Bösewichter. Bösewichter haben das Gute, daß sie sich so häufig durch Schriften blamiren.
(Höllenangst. 3. Akt, 8. Scene.)

* * *

Bürgerstolz. Lampl. Mein Name g'hört unter die ehrlichen.
Kamberg. Mein Name bürgt für meine mittelalterliche Abkunft.
Lampl. Abkunft? Das is, glaub' ich, das, was jetzt abkommen is.
Kamberg. Meine Vorfahren hab'n im dreißigjährigen Krieg . . .
Lampl. Dreißigjähriger Krieg, das is Rokoko.
Kamberg. Ein Kamberg soll sogar beim zweiten Kreuzzug — —
Lampl. Mein Gott, Kreuzzug . . . das ist noch rökököer.
(Die Anverwandten.)

* * *

Cherubs-Physiognomie. Kauz. Schau'n S' lieber, daß Sie meine Nièce a bisserl aufheitern.
Schnoferl. Ja, ja, ich hab' früher schon eine kleine Sonnenfinsterniß an dem Himmel dieser Seraphszüge, dieser Cherubs-Physiognomie bemerkt.

Frau von Erbsenstein. Keine Schmeicheleien, lieber Schnoferl!

Schnoferl. Von Schmeicheleien kann da nicht die Rede sein, wo die Wahrheit bei der knickerigen Sprache vergebens um Ausdrücke bettelt. Ich wollt', der Adelung lebet noch, ich versprechet ihm ein Trinkgeld, daß er mir Worte erfindet, die dieser Reize würdig wären.

Frau von Erbsenstein. Gehen S', werden S' nicht fad.

Schnoferl. Diese Silbe enthalt' dreitausend Maß Wasser für den Krater des hier tobenden Vulkans! (Auf's Herz deutend.)

(Das Mädl aus der Vorstadt. 1. Akt, 6. Scene.)

* * *

Conservirt. Frau von Cypressenburg. Es ist so, wie gesagt, man hat sich conservirt!

Titus. O, ich weiß, was Conservirung macht; aber so weit geht das Conservatorium nicht.

(Der Talisman. 2. Akt, 21. Scene.)

* * *

Correggio. Ledig. Wart' Du, zu Dir sag' ich bald wieder Correggio! Du Bemstelspritzer von ein'm Raphael, Patzer, Vogelhäuseranstreicher.

(Unverhofft. 1. Akt, 9. Scene.)

* * *

Ferdinand Cortez. So, jetzt steh'n wir da, wie die spanischen Eroberer in Amerika, die die Schiffe hinter sich verbrannt haben. — Kein Rückweg — Vorwärts heißt's!

Wir sind zwei Ferdinand Cortezer, Herz und Geldkasten unserer Auserkorenen sind das Mexiko, was wir erobern sollen.
(Liebesgeschichten und Heirathssachen. 1. Akt, 9. Scene.)

* * *

Dienstleute. Dienstleuten muß man nichts anvertrauen; das sind die Plakate der Geheimnisse des Herrn und der Frau, die lebendige Preßfreiheit jeder häuslichen Konstitution.
(Mein Freund. 2. Akt, 12. Scene.)

* * *

Doktorprüfung der Ehe. Nobel (zu Fanny). Vergessen Sie nicht, daß Sie ein Rigorosum im Gehorsam ablegen und daß der Doktorhut in dem gewünschten Brautkranz besteht.
(Liebesgeschichten und Heirathssachen. 2. Akt, 15. Scene.)

* * *

Das „Dramatische" der Schöpfung. ... Die Schöpfung hat sich einmal im Dramatischen versucht und hat eine Komödie verfaßt: „Die Liebe", und das Stück soll so gut ausg'fallen, allgemeiner Beifall und Andrang ... Da hat dann die succès=verblendete Schöpfung einen zweiten Theil d'rauf gemacht, „die Ehe", und wie 's schon geht bei die zweiter Theil', es ist nicht mehr das Interesse.
(Unverhofft. 1. Akt, 2. Scene.)

* * *

Eheband. Das Eheband bindet Hand an Hand, es ist also das kürzeste im Raum, das längste in der Zeit.
(Liebesgeschichten und Heirathssachen. 1. Akt, 11. Scene.)

* * *

Ehe = Lebensverbitterungsanstalt. Kilian. Ja, beim Heirathen muß man net voreilig sein; das Geld, was man auf die Hochzeit ausgiebt, ist sehr häufig die erste Einzahlung in die wechselseitige Lebensverbitterungsanstalt.
(Der Färber und sein Zwillingsbruder. 1. Akt, 10. Scene.)

* * *

Ehestand. Der Ehestand is für die Frauen oft gerade die breiteste Basis zum Komödiespielen.
(Umsonst. 1. Akt, 3. Scene.)

* * *

Ehre. Erlaubt sich das Weib das Geringste, so leidet die Ehre des Mannes dabei; je mehr sich aber der Mann erlaubt, je niederträchtiger er sie behandelt, und sie erträgt das Ding Alles als stille Dulderin, desto mehr Ehre macht es ihr. Es giebt gar nichts Ausgezeichneteres für ein Weib, als wenn sie im Renommee als stille Dulderin ist.
(Die verhängnißvolle Faschingsnacht. 2. Akt, 2. Scene.)

* * *

Ehre. Schnoferl. ... Freilich, 's giebt Leut', denen die Ehr' nicht ganz zwei Groschen gilt...
Kauz. Ah, das wird wohl bei Niemandem der Fall sein.
Schnoferl. O ja! Vorgestern spielen Zwei im Kaffeehaus miteinander Billard b' Partie um a Sechserl, Einer verliert etliche Partien, sagt: „Ah, das kommt mir z' hoch; wir spielens jetzt blos um die Ehr'!" Ein Zeichen, daß der die Ehre nicht ganz auf zwei Groschen taxirt.
(Das Mädl aus der Vorstadt. 1. Akt, 8. Scene.)

* * *

Ehre. — Das wär' sehr traurig, wenn der Unbedeutende nicht auch Anspruch auf ein braves Mädel hätt', und

bei diesem Anspruch bescheiden sein, wär' eher eine Niederträchtigkeit als eine Tugend. In gar Vielem kann und soll sich der Mensch behelfen, sich mit dem Minderen begnügen, wenn er's Bessere nicht haben kann. — — Kurz, für Alles hat der Geringere ein Surrogat und kann das Echte dem Höheren überlassen; aber was den Punkt der Familienehre betrifft, da steht der Unbedeutende dem Größten gleich, und hat eben so gut das Recht, das Makelloseste zu begehren.
(Der Unbedeutende. 1. Akt, 23. Scene.)

* * *

Ehre. Peter. O, ich wüßte schon, wie. Wenn ich eine Schwester und die Schwester einen Verführer hätt', ich thät mich gewiß nicht duelliren mit ihm. Ich würde zur öffentlichen Privatrache schreiten; in allen Bierhäusern, in allen Kaffeehäusern laufet' ich herum und erzählet die G'schicht' und schimpfet über den Kerl ganz lästerlich und so wäre die Ehre meiner Schwester gewiß auf den Glanz hergestellt.

Löwenschlucht. Mein Arm erreicht ihn, und wenn er im Mittelpunkt der Erde verborgen wäre.

Peter. O, so tief baut man die Arreste jetzt nicht mehr.
(Der Färber und sein Zwillingsbruder. 2. Akt, 9. Scene.)

* * *

Eifersucht. . . . Ich bin ein guter Kerl, aber in der Eifersucht kann ich dem Othello ein Douplé vorgeben.
(Zu ebener Erde und im ersten Stock. 1. Akt, 5. Scene.)

* * *

Eigennutz. . . . Nur zum Beneidenswerthen kommt der Eigennutz und macht ihm die respektsverhüllte, habsüchtig lauernde Staatsvisit'!
(Die Anverwandten. 1. Akt, 6. Scene.)

* * *

Einladungen. . . . Wenn die reichen Leut' nicht wieder reiche einladeten, sondern arme Leute, dann hätten alle genug zu essen.
(Zu ebener Erde und im ersten Stock. 1. Akt, 5. Scene.)

* * *

Einladungen. Schon Seneca sagt, zwischen eingeladen werden und eingeladen werden is ein Unterschied, als wie zwischen Kuß und Ohrfeigen. Die Art und Weise, wie man eingeladen wird, is wirklich ein Zauberspruch, denn es werden dadurch oft Knödl' in Ananas, oft aber auch Fasan' in Kuttlfleck' verwandelt.
(Liebesgeschichten und Heirathssachen. 1. Akt, 12. Scene.)

* * *

Eitelkeit. Hm — welcher Entdecker hat das schon bemessen, wie weit sich die äußersten Vorgebirge der Möglichkeit in's Meer der Unmöglichkeit hinein erstrecken? —
„Glänzende Partie" heißt die Fee, die oft Wunder wirkt in jungfräulichen Herzen, und selbst die ordinäre Hex' „reichliche Versorgung" hat schon in zarten Wesen riesige Selbstverleugnungen erzeugt.
(Der Unbedeutende. 2. Akt, 16. Scene.)

* * *

Elend. Es muß etwas Schreckliches sein, so als gemeiner Mensch im Schlamm des Lebens hinzukriechen.
(Zwirn, Knieriem und Leim. 2. Akt, 13. Scene.)

* * *

Ernst. Der Ernst hat eine feierliche Seite, eine schauerliche Seite, überhaupt viele sehr ernsthafte Seiten, aber ein

elektrisches Flackerl hat er doch immer, und da fahren bei
der gehörigen Reibung die Funken der Heiterkeit heraus.
(Die Anverwandten. 2. Akt, 4. Scene.)

* *
*

Ersuchen. Maler. Wenn es gefällig wäre, mir noch
gütigst auf ein Viertelstündchen die Ansicht Ihrer höchst
interessanten Physiognomie zu verstatten?
(Lumpazivagabundus. 1. Akt, 10. Scene.)

* *
*

Vom Esel aufs Roß. Eine höchst interessante Hand, diese
fünf Finger da; mit gleicher Fertigkeit arbeit' sie jetzt in die
Dukat'n herum, wie sie 's früher im schweinernen Schmalz
gethan. Da kann man sagen: tempus mutambus, wörtlich
übersetzt: Vom Esel aufs Roß.
(Liebesgeschichten und Heirathssachen. 1. Akt, 11. Scene.)

* *
*

Farbenscala des Gemüths. Maxenpf. Wenn Du
Dich giften willst, so thu's nach dem Frühstück, aber nicht
in nüchternem Magen, sonst tritt Dir die Galle aus, und
nachher bist Du grün den ganzen Tag — und der Parfumeur
schickt ohnehin kein Rouge mehr herüber.
(Nagerl und Handschuh. 1. Akt, 4. Scene.)

* *
*

Finsterniß. Wenn d' Finsterniß abkommt, können d'
Nachtwächter alle Tage verhungern.
(Freiheit in Krähwinkel. 1. Akt, 1. Auftritt.)

* *
*

Flaschenliebe. Ich bin auch verliebt, aber nicht in das
schöne Geschlecht, sondern in das Flaschengeschlecht. Dabei

lebt man ruhig und vergnügt. Ich umarm' eine um die andere und 's giebt keinen Zank und keine Eifersucht, höchstens die letzte wird manchmal grob und wirft mich an die Erde. Aber was thut das? Die Kellner tragen Einen um ein Billiges nach Haus, man schläft süß und sanft, der Nebel verschwindet und man tritt dann wieder im Sonnenglanz seiner Solidität hervor und nickt in stattlicher Ruhe dem Volke zu, welches Einem guten Morgen wünscht.
(Eulenspiegel. 1. Akt, 7. Scene.)

* * *

Frauenwürde. Kilian. Guten Morgen Jungfer Roserl. (Für sich.) Aus dem Ton, wie ich das Wort „Jungfer" nuancirt habe, könnte sie schon merken, daß sie sich in dem letzten Blatteln der Ledigkeit befindet und bereits in den ersten Band Frauenwürde übergehen soll.
(Der Färber und sein Zwillingsbruder. 1. Akt, 6. Scene.)

* * *

Freiheitsliebe. Die Freiheit hat noch keinen einzigen Nachtwächter, wohl aber schon a paar tausend Spitzeln brotlos gemacht.
(Freiheit in Krähwinkel. 1. Akt, 3. Scene.)

* * *

Meine Freunde. Kamberg. Mit einem Wort, meine Ahnen —
Lampl. Stieren Sie nicht immer in Ihre Ahnen herum.
Kamberg. Weiß er Plebejer, daß ich von Rittern stamme?
Lampl. Meine Ureltern waren Bandlkramer, die Ritter hab'n vom Stegreif g'lebt, den Krämern Zoll ab-

genommen, auf deutsch, sie ausgeraubt . . . jetzt frag' ich also, warum is das edler, wenn man von die Räuber, als wenn man von die Beraubten abstammt?

(Die Anverwandten. 3. Akt, 10. Scene.)

* * *

Frommer Wunsch. Wenn ich nur die Dichter, die die Wiesen einen Blumenteppich, die den Rasen rasenderweise ein schwellendes grünes Sammetkissen nennen, wenn ich nur die a drei Stund' lang barfuß herumjagen könnt' in der so vielfältig und zugleich so einfältig angeverselten Land=natur, ich gebet 'was drum.

(Der Zerrissene. 2. Akt, 8. Scene.)

* * *

Galanterie. Walzl. Der fragt den Mann um Er=laubniß, ob er der Frau d'Hand küssen darf? Da sieht man, daß er aus der Türkei kommt. Meiner Seel', die hiesigen jungen Herren sind so keck gegen die Frauen, und doch laßt man sie noch nach Paris reisen, daß sie noch kecker werden, man soll s' lieber nach Konstantinopel schicken, daß s' eine Art lernen.

(Unverhofft. 2. Akt, 2. Scene.)

* * *

Galgenhumor. Es giebt weit mehr Selbstmörder, die sich's Leben nicht nehmen, die sich grad' durch das umbringen, daß s' z'lang auf der Welt bleiben; das is doch a klarer Beweis, daß 's ihnen da g'fallt.

(Mein Freund. Vorspiel, 2. Scene.)

* * *

Gedankenfreiheit. Ich denke selten, nur wenn man mich bei d' Haar dazu zieht; wenn ich aber anfang' zu denken, nachher denk' ich mir, was ich will.
(Unverhofft. 2. Akt, 10 Scene.)

* * *

Gefahr. Die Gefahr sucht sich in der Regel Opfer, die ringen mit ihr, mit kleine Bub'n giebt sie sich nicht ab.
(Der Unbedeutende. 2. Akt, 2. Scene.)

* * *

Geistessitz. Jetzt gieb gutwillig den Geist auf, eh' ich Dir'n aus der Gurg'l beutel.
(Liebesgeschichten und Heirathssachen. 2. Akt, 16. Scene.)

* * *

Geld. Schau'n Sie, ich nehmet gar kein Geld, aber's Geld braucht man halt zum Leben und leben thu ich in einemfort, also brauch' ich auch in einemfort Geld.
(Eulenspiegel. 1. Akt, 10. Scene.)

* * *

Geld regiert die Welt. Geld macht nicht glücklich, sagt ein Philosoph, der Gott gedankt hätt', wenn ihm wer eins geliehen hätt; von dieser Weisheit kann ich keinen Gebrauch machen. Wenn ich aber einmal der Meinigen das ihrige durchgebracht hab', und sie darüber in Ohnmacht fallen sollte, dann will ich ihr diese geistreiche Sentenz als Räuberessig unter die Nase halten.
(Liebesgeschichten und Heirathssachen. 1. Akt, 5. Scene.)

* * *

Genügsamkeit. Die Welt is schön; es giebt zwar fast lauter Unzufriedene drauf; das soll von der menschlichen

Ungenügsamkeit kommen. Nicht wahr is'! Das kommt von der Genügsamkeit, denn wer is genügsam? Der, welcher mit Allem zufrieden is; jeder Mensch aber wär' mit Allem zufrieden, wenn er Alles hätt', weil aber kein Mensch Alles hat, drum sind s' Alle unzufrieden.
(Mein Freund. Vorspiel, 2. Scene.)

* * *

Gift. Gift ist die Schlechtigkeit der Natur, und noch so homöopathisch verdünnt, bleibt doch das Schlechte immer schlecht.
(Die Anverwandten. 1. Akt, 6 Scene.)

* * *

Glänzendes Elend — elender Glanz. In Häusern, wo s' lustig leben, aber dabei drin stecken bis über die Ohren, wo der Dienstbot' in der Früh' Gläubiger abweisen, Vormittag in's Versatzamt laufen und Nachmittag auf Tandelmarkt was verkümmeln muß, da ist ja der Dienstbot' viel mehr geachtet.
(Die verhängnißvolle Faschingsnacht. 1. Akt, 2. Scene.)

* * *

Gläubiger. Fatal, vor'm Feuer kann man ein Haus assekuriren lassen, aber an eine Assekuranzanstalt vor Gläubigern hat man noch nicht gedacht, und doch werden offenbar den Gläubigern mehr Häuser, als den Flammen zum Raube.
(Der Zerrissene. 1. Akt, 9. Scene.)

* * *

Gläubiger Tod. Der Tod, dem war er das Bisserl Leben schuldig, und der Kerl ist gleich da mit dem Personal-Arrest.
(Liebesgeschichten und Heirathssachen. 1. Akt, 11. Scene.)

* * *

Glück. Strenge Moralisten sagen, um glücklich zu sein, muß man alle Leidenschaften aus sich verbannen. Dieser Rath ist ungefähr so gut, als wie, indem man Einem, der über enge Stiefeln schilt, sagt, er soll sich beide Füße amputiren lassen, damit er kein Verdruß mehr mit dem Schuster hat.
(Umsonst. 1. Akt, 5. Scene.)

* * *

Glück. Wer sein Glück nur in Träumen findet, paßt nicht zu wirklichen Freuden.
(Der Färber und sein Zwillingsbruder. 3. Akt, 4. Scene.)

* * *

Glückwünschen. ... Glückwünschen soll man einem Menschen, wenn's ihm schlecht geht, da hätt's Gratuliren doch ein' Sinn.
(Das Mädl aus der Vorstadt. 1. Akt, 6. Scene.)

* * *

Grandezza. Ein spanischer Grand ist er, sagt der Schwager — ich weiß nicht, wie man einen grandigen Spanier anredet.
(Liebesgeschichten und Heirathssachen. 2. Akt, 8. Scene.)

* * *

Gutes Gewissen. Arbeitsam, g'sund und a gut's Gewissen, wo kommt da a schlechte Nacht her?
(Der Unbedeutende. 1. Aufzug, 23. Auftritt.)

* * *

Harmlos — geistlos. Arnold. Ah, wäre denn harmlos und geistlos dasselbe?
Ledig. Wenigstens ein großer Unterschied, denn nur

der geistlose Mensch kann den Harm übersehen, der überall durch die fadenscheinige Gemüthlichkeit durchbricht.
(Unverhofft. 1. Akt, 3. Scene.)

* * *

Hausarmer. ... Ich habe früher ein Haus g'habt, und jetzt bin ich arm, folglich ein Hausarmer ...
(Nagerl und Handschuh. 1. Akt, 2. Scene.)

* * *

Hausherren von heute. ... Man muß nicht glauben, wenn man ein Hausherr ist, daß man dann Alles durchsetzt. Hausherr kann ein Jeder sein, der sich ein Haus kauft; — heutzutage giebt's Hausherrn, daß Gott erbarmt! Jeder Stein ist beim Grundbuch vernagelt, und dreißig Jahre zieht der Baumeister den Zins. Die Spanbonaden kennt man schon.

* * *

Haut goût. Knieriem. ... Im Hause schmeckt Einem der beste Trunk net. Im Wirthshaus muß man sein, das is der Genuß, da is das schlechteste G'süff ein haut goût.
(Lumpacivagabundus. 3. Akt, 7. Scene.)

* * *

Heirathen — Liebe — Ehe. Ueber kein Thema existiren so viele Variationen, wie über's Heirathen; aber noch so künstlich variirt, die uralte Fischgratenmelodie is nirgends zu verkennen. Heirathen is offenbar keine Kunst, denn es kommt sogar bei den Wilden vor und damit uns das recht augenscheinlich wird, heirathen selbst in Europa viele Wilde, wenn nur die schönes Geld haben. Und doch ist es gut, daß es nicht abkommt... Die Liebe kommt mir

vor als wie eine Hausunterhaltung, die sich ganz unverhofft gestaltet, das sind immer die schönsten. Der Ehestand hingegen is als wie eine Landpartie, wo man sich eine Menge vornimmt, wie unendlich man sich unterhalten will, da wird meistens nix d'raus — allerhand Verdruß und ein schlecht's Wetter sind, so wie das landpartieliche, auch das eh'ständliche Facit.
(Unverhofft. 1. Akt, 2. Scene.)

* * *

Herzensbildung. ... Freilich kann man keinem Menschen in's Herz schauen, viel weniger in die Seel', denn die steckt noch hinter dem Herzen.
(Die verhängnißvolle Faschingsnacht. 1. Akt, 2. Scene.)

* * *

Heirathen. Mit dem Heirathen geht's oft wie beim Krapfenbachen; man nimmt alles Mögliche dazu, und sie gerathen doch nicht.
(Das Mädl aus der Vorstadt. 1. Akt, 6. Scene.)

* * *

Herzensdieb. Striezel. Halt er's Maul! ... Hat er gar keine Vermuthung, wer den Diebstahl begangen haben könnt'?
Pudelkopf. Ich gewiß nicht, ich bin blos Herzensdieb. Ich stehl' kein Geld, denn ich bin ein ehrlicher Mann, doch das ist das geringste; aber ich fürcht' mich schon vor'm Erwischtwerden zu stark, das ist die Hauptsach'.
(Die Gleichheit der Jahre. 2. Abth., 8. Scene).

Herzensleiden. Therese. Mein Freund, was mir fehlt, das kann kein Doktor...

Zwirn. Wär' net übel! Die Jungfer hat Herzensleiden, das hört man an die Seufzer und sieht's an der Blaffigkeit. Solche Herzensleiden werden am allersichersten durch Sympathie kurirt. (Sein Buch aufschlagend). Hier ist das große Buch von der Sympathie, da steht gleich im dritten Kapitel: „Wenn man Herzensleiden hat, so ist das untrüglichste Mittel, man reißt sich drei Haarle aus'm Kopf, wickelt sie in ein blaues Papier von was immer für einer Farbe, dazu legt' man eine Käs'rinden und eine halbete Fisolen, das Ganze grabt man dann in einen Hof, wo eine Katz' ist, drei Zoll tief in d' Erden, und wie die Katz' dreimal an dem Fleckel vorbeigeht, so ist beim dritten Mal die Person von ihrem Herzensleiden befreit." Das ist die Sympathie.

(Zwirn, Knieriem und Leim. 1. Akt, 26. Scene.)

* * *

Heuchelei. Beweise — das Beweisfordern is eine wahre Malträtirung der Menschheit. Wie schön könnte man sich ausreden, wenn das nicht wäre.

(Der Unbedeutende. 1. Aufzug, 10. Auftritt.)

* * *

Himmel und Hölle. Die Erde ist ein Himmelskörper, auf dem Viele ein höllisches Leben führen.

(Die schlimmen Buben. 10. Scene.)

* * *

Homo sum. Homo sum sagt der Lateiner, das heißt auf deutsch, ich bin ein Viehkerl.

(Liebesgeschichten und Heirathssachen. 1. Akt, 14. Scene.)

* * *

Je nachdem. Ja, das Frauen stundenlange Scharfanschauen hat schon manchen Porträtmaler verblendet. Da haben's die Daguerreotypierer bei weitem nicht so gefährlich, da is alles in fünf Minuten vorbei.
(Unverhofft. 1. Akt, 2. Scene.)

* * *

Klassische Betrugsanstalt. Der Maler is um zweitausend Jahre zu spät auf die Welt gekommen. Als oraklischer Mitarbeiter bei der klassischen Betrugsanstalt in Delphi hätt' er Großartiges geleistet.
(Unverhofft. 2. Akt, 16. Scene.)

* * *

Klatschsucht. Die Weiber hassen das Plauschen, ausgenommen ihr eigenes.
(Ein gebildeter Hausknecht. 1. Akt. 4. Scene.)

* * *

Klatschsucht. Denn das is a alte Wahrheit: über ein altes Weib geht nix, als ein Mann, der ein altes Weib is.
(Der Unbedeutende. 1. Aufzug, 23. Auftritt.)

* * *

Der Kluge . . . Der Kluge ist einmal dafür da, die Narren jeder Sorte auszubeuten, und thut er's nicht, so ist er selbst ein Narr.
(Mein Freund. Vorspiel, 6. Scene.)

* * *

Kochkunst. Roserl. Ich hätte aber noch so viel in der Kücherl zu thun.
Kilian. Das ist Nebensache, heute giebt's eine wichtige

Kocherei; mein Herz ist an'brennt, drum muß das Bündel meiner Empfindungen wegg'rückt werden von der Gluth unerfüllter Wünsche. Die leere Pastete meines Innern muß g'füllt werden mit den Tauben der Zärtlichkeit, über den Schmarren meines Lebens müssen die Weinberln der häuslichen Glückseligkeit gestreut werden. Das ist die Kochkunst, die das Verlobungsfest verherrlichen muß.
(Der Färber und sein Zwillingsbruder. 1. Akt, 6. Scene.)

* * *

Kostkinder kriegt man überall. Frau Nanni. Na, hören S', Sie sind ein kurioser gnädiger Herr. Meinetwegen legen Sie ihm einen alten Frack von Ihnen an und Kappenstiefeln und zieh'n S' ihn selber auf; ich reiß mich nicht d'rum, Kostkinder kriegt man überall und Ihnen wird's sehr gut stehen, wenn Sie's Kind den ganzen Tag auf'm Arm herumtragen müssen.
(Unverhofft. 1. Akt, 10. Scene.)

* * *

Küchen-Latein. Flora. Wo bleibt er denn? Ich wart' mit'm Essen.

Titus. Ich nicht, ich hab' schon gegessen.

Flora. Auf'm Schloß?

Titus. Bei der Kammerfrau in der Kammer, sehr gut g'speist; es war der erste Fasan, dem ich die letzte Ehr' angethan hab'; mit diesem Bügel ist seine irdische Hülle in der meinigen begraben.
(Der Talisman. 2. Akt, 4. Scene.)

* * *

Kunst, auf Kosten Anderer zu leben. Ich bin ein Künstler, das kann mir kein Mensch abstreiten, ich betreibe

die große Kunst, auf Unkosten Anderer zu leben. Mein Bleiben ist nirgends, aber meine Werkstatt ist überall … Dieser Ort ist zwar sehr klein, aber für mich ist auch die kleinste Bevölkerung groß genug, denn ich hab' es blos mit Liebesleuten zu thun und unter hundert Einwohnern giebt es immer einen Geizhals, fünf Trinker, einen Gelehrten, fünf Gescheite und achtundachtzig Verliebte. Auf diese statistische Bemerkung gründ' ich mein Metier.
(Eulenspiegel. 1. Akt, 8. Scene.)

* *
*

Kunst, Gold zu machen. Was haben diese Leute, diese Alchymisten, Alles über die Goldmacherkunst studirt! Ich weiß ein prächtiges Recept. Man nehme: Keckheit, Devotion, Impertinenz, Pfiffigkeit, Egoismus, fünf lange Finger, zwei große Säcke, ein kleines Gewissen, wickle das Alles in eine Livree, so giebt das in zehn Jahren einen ganzen Haufen Dukaten. Probatum est.
(Zu ebener Erde und im ersten Stock. 1. Akt, 3. Scene.)

* *
*

Kunst zu leben. Wenn der Mensch dasteht, mit siebzehn Schulden im Leib, unzählige Wissenschaften im kleinen Finger, fünf lebendige Sprachen im Mund, und einen todtschlachtigen Soliditätsgeist im Kopf, da kann er mit einiger Zuversicht erwarten, daß ihm das Schicksal ein sauberes Stückel Existenz auf dem Teller entgegenträgt, das ist keine Kunst; wenn man aber nix gelernt hat, wenn man dabei eine spezielle Abneigung gegen die Arbeit und einen Universalhang zur Gaudé in sich trägt, und dennoch nicht die Idee aufgiebt, ein vermöglicher Kerl zu werden, darinnen liegt etwas Grandioses!
(Liebesgeschichten und Heirathssachen. 1. Akt, 5 Scene.)

* *
*

Kunst zu leben. . . . Wer Reichthum und die Klugheit besitzt, immer nur die Interessen eines sicher angelegten Kapitals auszugeben, hat nichts zu fürchten.
(Die verhängnißvolle Faschingsnacht. 1. Akt, 12. Scene).

* *
*

Kunst zu leben. Sterben is keine Kunst, das is im Augenblick vorbei, aber ich hab' jahrelang mit ihr leben wollen, das is eine andere Nummer.
(Liebesgeschichten und Heirathssachen. 3. Akt, 14. Scene.)

* *
*

Kurzweil. Zehn bis fünfzehn Jahre eingesperrt muß man sein, nachher kann man was reden über die Länge der Existenz.
(Liebesgeschichten und Heirathssachen. 2. Akt, 11. Scene.)

* *
*

Lava-Geblüt. Aus dem Lande der welschen Gluth. Auf'm Aetna, g'rad das Haus neben dem Krater, bin ich geboren. Jetzt können Sie sich denken, mein ganzes Geblüt ist reine Lava.
(Eulenspiegel. 1. Akt, 16. Scene.)

* *
*

Lebensbild — eine neue Erfindung. Titus. . . . Wenn in einem Stück drei G'spaß und sonst nichts als Todte, Sterbende, Gräber und Todtengräber vorkommen, das heißt man jetzt ein — Lebensbild.

Von Platt. Das hab' ich noch nicht gewußt.

Titus. Is auch eine ganz neue Erfindung, gehört in das Fach der Haus- und Wirthschaftspoesie.

Frau von Cypressenburg. Also lieben Sie die Rührung nicht?

Titus. O ja, aber nur, wenn sie einen würdigen Grund hat, und der findt sich nicht so häufig; drum kommt auch eine große Seele langmächtig mit einem Schnupftüchel aus; dagegen brauchen die kleinen, guten Ordinari-Seelerln a Dutzend Fazinetteln in einer Komödie.
(Der Talisman. 2. Akt, 24. Scene.)

* * *

Lebenslust — Kirchhofsruhe. — — — und selbst die anständigsten Ertrinkenden erlauben sich Strohhalmanklammerungsversuche, die aber gleich wieder der solidesten Kirchhofsruhe weichen.
(Mein Freund. 2. Akt, 12. Scene.)

* * *

Licht. Das Licht hat die größte G'schwindigkeit in der Natur, d'rum hat auch das üble Licht, was auf ein Wesen fallt, so eine schnelle Verbreitung.
(Der Unbedeutende. 2. Aufzug, 14. Auftritt.)

* * *

Die Liebe als Himmelstochter. Die Gefahr ist ja die poetische Ballfrisur der Liebe, und die hat sie auch höchst nöthig, denn in der Schlafhaub'n der Alltäglichkeit nimmt sich diese Himmelstochter miserabel aus.
(Der Färber und sein Zwillingsbruder. 1. Akt, 3. Scene.)

* * *

Liebe im Hauswesen. Die Lieb' ist das wichtigste im Hauswesen; wo sich die einmal empfiehlt, da geht die ganze Wirthschaft ganz konfus.
(Die verhängnißvolle Faschingsnacht. 1. Akt, 4. Scene.)

* * *

Die Liebe kennt keine Grenzen. Hermann. Ein paar Liebesabenteuer hab' ich vor.
Knoll. Ueber der Grenze . . .
Hermann. Weil die Liebe keine Grenzen kennt —
Schlag. Aber das strenge Verbot . . .
Hermann. Verbot ist das Element der Lieb'.
Schlag. Aber die Gefahr . . .
Hermann. Die Gefahr ist das Meer, aus dessen Grund man sich die Perle des Glücks heraufholen muß.
Schlag. Ich bin nie der Gefahr ausgewichen, wenn mich die Dienstpflicht ihr gegenüberstellte; aber beim Vergnügen vermeide ich sie.
Hermann. Das ist gefehlt, nur bei der Linie der Gefahr kommt man hinaus ins Freie des Vergnügens. Wer sich scheut diese Linie zu passiren, der bleibt ewig in der staubigen Vorstadt der Langweiligkeit hocken.
(Der Färber und sein Zwillingsbruder. 1. Akt, 3. Scene.)

* * *

Liebenswürdig. . . . „Liebenswürdig" ist im strengsten Sinne des Wortes ein Zeitwort, weil es gänzlich der Abwandlung unterliegt, in der halbvergangenen Zeit heißt's passé, in der völlig vergangenen schiech, und in der längstvergangenen grauslich.
(Das Mädl aus der Vorstadt. 1. Akt, 6. Scene.)

* *

Liebeszins. Ja, die Liebe fragt nicht nach Georgi und Michäli; Luftschlösser sind ihre liebsten Häuser, ihr Grundbuch das Herz, der Zins wird mit Küssen bezahlt.
(Zu ebener Erde und im ersten Stock. 1. Akt, 11. Scene.)

* * *

Liebhaber und Ochs. Für die Lieb' ist keine Verkleidung zu schlecht, wenn sie nur zweckmäßig ist. Darin hat Jupiter allen Liebhabern ein gutes Beispiel gegeben; in was für Verkleidungen ist der erschienen, namentlich dazumal, wie er unserm Welttheil als Ochs entgegenkam.
(Liebesgeschichten und Heirathssachen. 1. Akt, 12. Scene.)

* * *

Lob der Tugend. Stein. Sechzehn Jahre war ich mit meiner ersten Frau verheirathet und nie bin ich hinter das Geringste gekommen, und sie war doch auch jung, in den ersten Jahren besonders. . .
(Mein Freund. 2. Akt, 8. Scene.)

* * *

Lockruf zur Ehe. . . . Meine Auserwählte ist reich, und dabei nicht ohne Unliebenswürdigkeit, ich schließe also eine Vernunftsheirath, eine Geldheirath und zugleich eine Heirath aus Inclination, weil ich eine unendliche Inclination zum Geld habe. — Der Klang von dreißigtausend Gulden, das sind die lockenden Töne, die Einem vor dem Hymentempel zurufen: Belieben Sie hereinzuspazieren.

* * *

Lüge. Das Lügen ist eine Erfindung von und für Lebendige, im Tod muß Wahrheit sein, schon deshalb, weil er der Gegensatz von Leben is. ...
(Kampl. 1. Akt, 9. Scene.)

* * *

Mädchen müssen schweigen.
Mädchen müssen schweigen,
Und es niemals zeigen,
Quält im Herzen sie die Liebespein.
Wenn das Herz auch pochet,
Und das Blut auch kochet,
Muß der Mund doch stets verschlossen sein.
Doch der Mann muß offen,
Fängt er an zu hoffen,
Sprechen ohne Scheu mit Wort und Blick,
Mag Gefahr sich thürmen,
Mögen Wetter stürmen,
Ringt entschlossen er nach Liebesglück.
(Eulenspiegel. 4. Akt. 10. Scene.)

* * *

Männerliebe. Kilian. Ja, ja, so sind die Männer! Glauben Sie mir, die Liebe dieser Schöpfungsherren ist selten echtfärbig, beinahe wie in der Wolle, immer nur ein Stück g'färbt, drum wirkt die Erfüllung ihrer Wünsche als Laugen auf diese Liebe, wie man s' drüber gießt, geht s' aus.
(Der Färber und sein Zwillingsbruder. 3. Akt, 5. Scene.)

* * *

Männerliebe. Schlicht. ... Ich hab' dem Liebesgewerbe Valet gesagt, ich gehör' nicht zu die Männer, die den alten Weibersommer ihrer Gefühle für Jugendgluth

halten, die glauben, ihr Herz lebt noch, weil's manchmal Zuckungen macht, wie ein galvanisirter Froschschenkel.
(Mein Freund. 1. Akt, 4. Scene.)

* * *

Meisterstück der Schöpfung. Kurios, der Mensch, heißt's, is das Meisterstück der Schöpfung, und man muß sich völlig arm zahlen an Schneider, daß man das Meisterstück nur gehörig verstecken kann.
(Liebesgeschichten und Heirathssachen. 1. Akt, 12. Scene.)

* * *

Menschen-Kenntniß. Der Mensch ist allerdings ein Säugethier, denn er saugt sehr viel Flüssigkeiten in sich; das Männchen Wein und Bier, das Weibchen Kaffee. Der Mensch ist aber auch ein Fisch, denn er thut oft Unglaubliches mit kaltem Blute und hat auch Schuppen, die ihm zwar plötzlich, aber gewöhnlich zu spät von den Augen fallen. Der Mensch ist ferner auch ein Wurm, denn er krümmt sich häufig in den Staub und kommt auf diese Art vorwärts. Der Mensch ist nicht minder ein Amphibium, welches auf dem Land und im Wasser zu Hause ist, denn Mancher, der schon recht im Wasser ist, zieht sich noch ganz nobel auf's Land hinaus.
(Die schlimmen Buben. 10. Scene.)

* * *

Millefleurs-Bildung. Frau von Cypressenburg. Ist Sein Vater auch Jäger?

Titus. Nein, er betreibt ein stilles, bescheidenes Geschäft, bei dem die Ruhe seine einzige Arbeit ist; er liegt, von höherer Macht gefesselt, und doch ist er frei und unabhängig, er ist Verweser seiner selbst — — er ist todt.

Frau von Cypressenburg (für sich). Wie verschwenderisch er mit zwanzig erhabenen Worten das sagt, was man mit einer Silbe sagen kann. Der Mensch hat offenbare Anlagen zum Litteraten. (Laut.) Wer war also Ihr Vater?

Titus. Er war schülerischer Meister. Bücher, Rechentafel und Patzenfahrl waren die Elemente seines Daseins.

Frau von Cypressenburg. Und welche litterarische Bildung hat er Ihm gegeben?

Titus. Eine Art Millefleurs-Bildung; ich besitze einen Anflug von Geographie, einen Schimmer von Geschichte, eine Ahnung von Philosophie, einen Schein von Jurisprudenz, einen Anstrich von Chirurgie und einen Vorgeschmack von Medizin.

Frau von Cypressenburg. Charmant! Er hat sehr viel, aber nichts gründlich gelernt, darin besteht die Genialität.

Titus (für sich). Das is's Erste, was ich hör', jetzt kann ich mir's erklären, warum's so viele Genies giebt.

(Der Talisman. 2. Akt, 17. Scene.)

* * *

Mißtrauen. ... Das Mißtrauen gegen sein eigenes Geschlecht is ein rein menschliches Prärogativ. Wenn der Zufall zwei Wölfe zusammenführt, fühlt gewiß keiner die geringste Beklemmung über das, daß der andere ein Wolf is; aber zwei Menschen können sich nie im Walde begegnen, ohne daß nicht jeder denkt, der Kerl könnt' ein Räuber sein.

(Die Anverwandten. 1. Akt, 6. Scene.)

* * *

Mopperl-G'sicht. Bella. A solche Tyroler-Gretl wie Du hat gar keinen Geist.

Hyaz. Grad' Dir zum Trotz wird er mein Gemahl!

Bella. Nein! Mein wird er, Du gehst leer aus!

Hyaz. Du ziehst mit langer Nasen ab!

Bella. Das ist freilich bei einem solchen Mopperl-G'sicht, wie das Deinige, niemas der Fall ...

(Nagerl und Handschuh. 2. Akt, 1. Scene.)

* * *

Müßiggang. Maxenpf. ... Zeit bringt Rosen. (Zu Rosa.) Du laßt mir keine Bettler mehr herein! Ich geb' nichts! — Es soll arbeiten, das Volk! Ich thu' selber den ganzen Tag nichts, ich weiß nicht, warum ich noch den Müßiggang unterstützen sollt'.

(Nagerl und Handschuh. 1. Akt, 4. Scene.)

* * *

Narrenhaus. Anselm. Für den Meister g'hört's Narrenhaus.

Roserl. Nein, auf dieses Haus bin ich vorg'merkt mit dem bankerotten Kapital meines Verstandes. Meine Hoffnungen waren Luft, jetzt sind sie zu Wasser geworden, hier brennt's wie Feuer, und Ruhe find' ich nur, wenn ich in der Erde lieg' ...

(Der Färber und sein Zwillingsbruder. 1. Akt, 8. Scene.)

* * *

Narrheit. Lips. ... Um andern für ein' Narren zu halten, braucht man nix als Leut', die einen an Dummheit übertreffen; um aber mit Vorsatz sich selbst für ein' Narren z' halten, muß man sich selbst an G'scheitheit übertreffen.

(Der Zerrissene. 1. Akt, 10. Scene.)

* * *

Nase-Weisheit. Es giebt, wenn Jemand niest, dreierlei Abstufungen. Wenn ein vornehmer Herr niest, so sagt man:

„Zur Genesung!" — Wenn ein Bürgerlicher niest, so sagt man: „zur Gesundheit!" Und wenn ein gemeiner Kerl niest, so sagt man: „Helf' Gott!"
(Die schlimmen Buben. 10. Scene.)

* *
*

Nobel. Sie und ein Bedienter, das macht sich ohnedem so, als eine arme Familie, die nichts z'fressen hat und halt't sich drei Hunde.
(Liebesgeschichten und Heirathssachen. 1. Akt, 11. Scene.)

* *
*

Noblesse oblige. — Wenn Sie zufällig mit meiner Frau zusammenkommen, reden Sie nur unendlich artig und devot, denn ihre Nerven gehören der feinen Welt an, und Sie haben keinen Begriff, was sie in die guten Häuser für feine Nerven haben.
(Frühere Verhältnisse. 6. Scene.)

* *
*

Peinliche Situation. ... Aber glaub' mir, es is ein Aufgab', auswendige Polarkälte bei innerem Sirokko zu erkünsteln, ruhigen Anstand im Aeußern, während das Innere sich umwälzt.
(Mein Freund. 2. Akt, 15. Scene.)

* *
*

Philosophie. ... Könnt' es einen seligen Schiller, einen seligen Göthe geben, wenn sie sehen müßten, wie in Budweis der „Don Carlos" und in Feistritz der „Faust" aufg'führt wird? Es war keine dumme Erfindung von den Griechen und Römern, daß sie als Grenzfluß ihrer Champs élysés den Lethe angenommen haben, aus dem man Vergessenheit trinkt. Wer die Welt nicht vergißt, für den kann's gar kein' Himmel geben. Das ist altgriechische Philosophie, die in zweitausend Jahren noch nicht rokoko worden is! 's ist auch ganz natürlich . . . was hat sich denn geändert seit der Zeit? In der Form a Menge, in der Sache blutwenig.

(Kampl. 1. Akt, 10. Scene.)

* * *

Pilgerfahrt. Wendeltn. Fort, auf die Pilgerfahrt, da giebts kein anderes Mittel, als nach Rom!

Pfrim. Ich werd' um einen Fiaker schaun, der muß nach der Tax fahren, da kommts nicht viel über sechsunddreißig Kreuzer.

(Höllenangst. 3. Akt, 8. Scene.)

* * *

Portier. Gute Seelen können die Portiers hab'n, aber die Körper, die sind halt ewig grob.

(Höllenangst. 3. Akt, 6. Scene.)

* * *

Preßfreiheit — Gedankenfreiheit. . . . Wir haben sogar Gedankenfreiheit g'habt, insofern wir die Gedanken bei uns behalten haben. . . .

(Freiheit in Krähwinkel. 1. Akt, 7. Scene.)

— Ein Censor ist ein menschgewordener Bleistift oder ein bleistiftgewordener Mensch, ein fleischgewordener Strich über die Erzeugnisse des Geistes, ein Krokodil, das an den Ufern des Ideenstromes lagert und den darin schwimmenden Literaten die Köpf' abbeißt.

(Freiheit in Krähwinkel. 1. Akt, 7. Scene.)

— Die Censur ist die jüngere von zwei schändlichen Schwestern, die ältere heißt Inquisition. Die Censur ist das lebendige Geständniß der Großen, daß sie nur verdummte Sklaven treten, aber keine freien Völker regieren können. Die Censur ist etwas, was tief unter dem Henker steht, denn derselbe Aufklärungsstrahl, der vor sechzig Jahren dem Henker zur Ehrlichkeit verholfen, hat der Censur in neuester Zeit das Brandmal der Verachtung aufgedrückt.
(Freiheit in Krähwinkel. 1. Akt, 14. Scene.)

* * *

Radicale Kuren. Schmerzhafte Operationen müssen schnell g'schehen, ob an Körper oder Geist.
(Mein Freund. 3. Akt, 19. Scene.)

* * *

Reichthum. . . . Wer mitten in Millionen drinnen steht, der sieht vor sich und hinter sich nur Millionen, und braucht weiter keine Vorsicht und keine Rücksicht.
(Der Unbedeutende. 1. Akt, 9. Scene.)

* * *

Beißender Sarkasmus. Zackenburg. Die Seeschlange ist eine Fabel!
Kampl. Freilich, sonst könnt' s' ja nicht diese fabelhafte Größe haben. Das is Beweis für die Weltozeanskraft. Für die Weisheit des Weltozeans haben wir gar den handgreiflichen Beweis; dort hat sogar der Stockfisch ein' Kopf, das ist doch auf dem trocknen Land nie der Fall.
(Kampl. 1. Akt, 15. Scene.)

* * *

Schafe. Hm! Die Schafe, wenn s' fromm sind, gehn viele in einen Stall, und wenn's donnert, stecken s' die Köpf' z'samm'; sonst ist an ihnen nichts Bemerkenswerthes.
(Der Zerrissene. 2. Akt, 3. Scene.)

* * *

Schicksal. Es is wirklich Luxus vom Schicksal, daß es Pfeile schleudert, an seinen Fügungen sieht man ohnedem, daß es das Pulver nicht erfunden hat.
(Mein Freund. 2. Akt, 12. Scene.)

* * *

Schicksal. Reich oder arm, das Schicksal findet bei Jedem das Fleckel heraus, wo er kitzlich ist.
(Die verhängnißvolle Faschingsnacht. 1. Akt, 12. Scene.)

* * *

Schlaferei. Heute werde ich's einmal probiren, ob ich's nicht dahin bringen kann, auf beiden Ohren zugleich zu schlafen. Eine von den zwölf schlafenden Jungfrauen soll das können haben; wenn es mir gelingt, die verloren gegangene Kunst wieder aufzufinden, dann nehm' ich ein Privilegium darauf, und jeder Siebenschläfer muß mir fünf Procent von seinem Schlaf als Tantième geben, nachher wird's eine Schlaferei werden.
(Unverhofft. 1. Akt, 3. Scene.)

* * *

Schlagende Gründe. Knieriem (zu Leim). No, wart' nur, Dir halt' ich z' Haus eine astronomische Vorlesung, daß alle Sternbilder an Dir sichtbar werden, besonders die Nebelfleck'!
(Zwirn, Knieriem und Leim. 1. Akt, 12. Scene.)

Schutz gegen Untreue. Pudelkopf. . . . . Meine Strumpfbandeln sind mir Beweis genug. Wie einem eins aufgeht, so ist der Schutz untreu. Drum hab' ich aus Vorsicht 's ganze Jahr keine Strümpf' getragen, folglich auch keine Strumpfbandeln, folglich hat mir auch keines aufgehen können, und folglich war sie auch verhindert an jeglicher Untreue.

(Die Gleichheit der Jahre. 4. Abth., 5. Scene.)

* * *

Schwadroneur. Uebel. . . . Kind, ich war Kommandant, der Erste in der Schwadron.

Philippine. Der erste Schwadroneur, das will ich glauben!

(Liebesgeschichten und Heirathssachen. 2. Akt, 13. Scene).

* * *

Schwermuth. Leim. Sie machen Sie mir mein Bett etwas in Entfernung von den Andern, denn ich schlag' furchtbar herum bei der Nacht.

Zwirn. Warum denn?

Leim. Das is alles mein Herzenskummer. Ihr werdet mir's net glauben. . . ich seh' einem lustigen Kerl gleich, aber das is alles nur auswendig, inwendig schaut's famos aus bei mir. Wie ich trink', glaub' ich, ein jeder Tropfen is Gift. . . wie ich iß, so ißt der Tod mit mir. . . wenn ich spring' und tanz', so is mir inwendig, als wenn ich mit meiner Leich' ging'. . . wie ich einen Kameraden seh', der nix hat, so gieb ich ihm gleich alles, obwohl ich selber nix hab' und das blos, weil ich in Gedanken alleweil mein Testament mach'.

(Lumpazivagabundus. 1. Akt, 6. Scene).

* * *

Schwiegersohn.
Einem Vater arrivirt auch all' Augenblick eine G'schicht',
Weil man in jedem Mannsbild ein' Schwiegersohn siecht.
Erst neulich geht uns Einer nach, Schritt für Schritt,
Ich stupf' meine Madeln, sag': siecht's ihn denn nit?
Die Madeln kokettiren gleich, und suchen ihm z' gefall'n,
Wer war's? Unser Schneider, und mahnt uns an's Zahlen.
(Nagerl und Handschuh. 2. Akt, 3. Scene).

* * *

Seelenheil. Wendelin. Wenn man seine Seele dem Teufel verschreibt, so is er verpflichtet, einem durch's ganze Leben zu bienen, das weiß jedes Kind. Oder glaubst Du, ich werd' mich um dreißig Dukaten und einen alten Kaput holen lassen von Dir? Pfui Teufel! Ich will herrlich und in Freuden leben, Wonne, Entzücken, Reichthum, Ueberschwenglichkeit! — — Verstanden?
(Höllenangst. 2. Akt, 11. Scene).

* * *

Segen des Regenschirmes. Der Mensch soll nie ohne Parapluie sein, es ist die großartigste Waffe; aufgespannt ist er Schild, zugemacht und geschwungen ist er Schwert, und horizontal gebraucht ist er Lanze.
(Unverhofft. 1. Akt, 11. Scene.)

* * *

Die Seligen. Titus. Hören Sie auf, nennen Sie nicht den Mann selig, den der Taschenspieler „Tod" aus Ihren Armen in das Jenseits hinüber changirt hat; nein, der ist es, der sich des Lebens in solcher Umschlingung erfreut. . Man macht dadurch überhaupt dem Ehestand ein

sehr schlechtes Kompliment, daß man nur immer die verstorbenen Männer, die ihn schon überstanden haben, „die Seligen" heißt.
(Der Talisman. 2. Akt, 7. Scene).

* * *

Seufzer. . . . Für was hängt's denn da droben, ihr dummen Wolken, wenn's nit blitzen könnt' zur rechten Zeit?!
(Liebesgeschichten und Heirathssachen. 2. Akt, 16. Scene.

* * *

Sonderbare Heirath. . . . Wenn s' ein Geld hat, so heirath ich's Kindsweib von der Hex Megäre ihrer Großmutter, das ist mir alles eins.
(Die Gleichheit der Jahre. 2. Abtheilung, 13. Scene.)

* * *

Sonderbares Italienisch. Camilla. O, ich Unglückliche! Freund, weinen Sie mit mir. — Zwirn. Was ist denn geschehen? — Camilla. Ich hab' mein Mopperl verloren. — Zwirn. Ha, ha, ha! Ist nicht schad' um so ein Viecherl? — Camilla. Ich bin untröstlich. Jetzt erst hab' ich den Verlust bemerkt. — Zwirn. Er kann ja noch nicht weit sein. — Camilla. Das Hunderl ist sicher nach Italien geloffen. — Zwirn. Lassen wir ihn anschlagen. Ich zahl' zwanzig Dukaten wer ihn bringt . . . Camilla. . . . Die Annonce muß italienisch sein, sonst versteht's dort Niemand. — Zwirn (zu Windwachel). Kannst Du wällisch? — Windwachel. Kein Wort! — Zwirn. Italienisch auch nicht? — Windwachel. Ebensowenig. — Zwirn. Ich hab' vier Wochen in Triest gearbeitet, da ist so Manches hängen geblieben. Probiren wir's. Schreib italienisch! (Zu Windwachel.) Cane perduto . . . non avete perduto . . . cane perduto.

(Zu Camilla). War der Moppel ein Mannbel oder Weibel? — Camilla. Er war männlichen Geschlechtes. — Zwirn (diktirt). Questo Mopperl . . . un Signore. (Zu Camilla). Was für einen Charakter hat er gehabt? — Camilla. Je nun, wie alle Mopperln. — Zwirn (nachdenkend). Aha! (Diktirt). Carattere . . calfacteristico. (Zu Camilla.) Wie alt? — Camilla. Drei Jahre. — Zwirn. Drei Jahre . . Wie heißt denn das? (Diktirt.) Tre cento anni vecchio. (Zu Camilla.) Hatte er besondere Kennzeichen? — Camilla. Er trug ein schwarzes Halsband. — Zwirn (diktirt). Postate un nero cravettelo. (Zu Camilla). Hatte er abgeschnittene Ohren? — Camilla. Natürlich, er war ja ein Mopperl. — Zwirn (diktirt). G'stutzte orecchi (Zu Camilla). Wie hat's denn mit dem Gebiß ausgeschaut? — Camilla. Er hatte fast gar keine Zähne. — Zwirn. . . . So? . . . Hab's schon! (Diktirt). Zani kani . . . War er klein oder groß? — Camilla. Ein ganz kleines Hunderl. — Zwirn. Piccolo Viech mit quattro Haxen. Recompanze zwanzig Zechini in buona moneta . . .

(Lumpazivagabundus. 2. Akt, 16. Scene.)

* * *

Sonderbare Kur. Zwirn (zu Hobelmann, der an Podagra leidet). Wenn Einer Kopfweh hat, so ordinirt man ihm ein Fußbad mit Aschen und Salz, daß Alles abwärts g'leitet wird. Bei Ihnen ist das grade der verkehrte Fall, bei Ihnen muß Alles aufwärts gezogen werden, denn man sieht's Ihnen an, Sie haben offenbar zu viel in die Füß' und zu wenig im Kopf.

(Zwirn, Knieriem und Leim. 1. Akt, 27. Scene.)

* * *

Stereotypität der Natur. Einen Welttheil, wo das Waldesgrün lilafarb', wo die Morgenröthe paperlgrün is . . .

Laßt mich aus, die Natur kränkelt auch an einer unerträglichen Stereotypität.
(Der Zerrissene. 1. Akt, 6. Scene.)

* *
*

Sterne. ... Die Großen der Erde sind Sterne, folglich können sie nur dann leuchten, wenn's finster ist. In der Sonne der Freiheit verlischt das Sterngeflimmer, d'rum darf man sie nicht zu lange leuchten lassen. Uebrigens bleibt die Nacht nicht aus ...
(Freiheit in Krähwinkel.)

* *
*

Stimmschlüssel. ... Wenn man verstimmte Frauen, notabene solche, die nicht auf Präsenten anstehen, umstimmen will, so gehören zwei Stimmschlüsseln dazu, der eine heißt Imponiren, der andere Niederknieen.
(Das Mädl aus der Vorstadt. 1. Akt, 8. Scene.)

* *
*

Strahl des Trostes. Der Glanz alles Glänzenden wird durch schwarze Unterlag' gehoben, drum sind immer die Bälle die glänzendsten, denen das Unglück den dunklen Grund abgiebt, für welches dann der Glanz des Balles zum Strahl des Trostes wird.
(Der Zerrissene. 1. Akt, 9. Scene.)

* *
*

Tandler. ... Seit der Existenz des Goldes giebt's in jedem Stand Reiche und Aermere. Es ist ein Unterschied zwischen Bäcker und Bäcker, es ist eine Differenz zwischen Fleischhacker und Fleischhacker, aber der Unterschied, der zwischen Tandler und Tandler ist, der geht schon in's Un-

berechenbare hinein. Es giebt Tandler, die schauen einen Großhändler über die Achsel an, und wieder solche, gegen die ein jeder Lichtblattelmann ein Kommerzienrath ist.
(Zu ebener Erde und im ersten Stock. 1. Akt, 3. Scene.)

* *
*

Das Testament. Lips. Sie müssen wissen, mein Inneres is zerrissen, wie die Nachtwäsch' von einem Bettelmann. Da hab' ich mich also unlängst erschießen wollen, und derweil ich so im Schuß ein Testament aufsetz' zu Gunsten meiner Freunde, is mir der Schuß zum Erschießen vergangen.
Mad. Schleier. So einen veränderlichen Herrn thät' auch's Heirathen bald reuen.
Lips. Dafür is ja eben 's Heirathen.
(Der Zerrissene. 1. Akt, 9. Scene.)

* *
*

Teufelei. Pfrim. Mein Großvater sein Bruder war ein Kornwucherer, dem is er (der Teufel) erschienen, auswendig schwarz, inwendig roth, mit ein'm Geldbeutel voll Gold.
Wendelin. Na, da wird er sich doch nicht g'spreizt haben?
Pfrim. Der Wucherer nicht, aber der Teufel hat nicht anbissen, er hat g'sagt: Den krieg' ich ja so!
Wendelin. Das is halt wieder a Zug, der mir gefallt.
(Höllenangst. 1. Akt, 9. Scene.)

* *
*

Der Teufel. Wendelm. Der Teufel ist überhaupt nicht der Schlechteste, ich laß mich lieber mit ihm, als wie mit manchem Menschen ein. Er ehrt das Alter, seine Großmutter steht hoch in Ansehen bei ihm, das is halt a schöner Charakterzug. Er hält auf'n Handschlag, man sieht, daß er viel mit die Ritter z' thun hat g'habt, er erfüllt seine Verträge weit prompter als manch' irdischer Schmutzian, freilich nachher am Verfalltag, da kommt er auf Minuten, Schlag Zwölfe, holt sich sein' Seel' und geht wieder schön ordentlich nach Haus in sein' Höll'; 's is halt ein Geschäftsmann, wie sich's g'hört.

(Höllenangst. 1. Akt, 9. Scene.)

* * *

Theater-Luxus. Es ist ein verwerflicher Luxus beim Theater, daß sich so häufig die Männer d'rauf verlegen, alte Weiber zu sein.

(Umsonst. 1. Akt, 6. Scene.)

* * *

Der Ton macht die Musik. Sie liebt mich bis zur Raserei! Schafskopf hat sie gesagt. Das thät einen Andern abschrecken, denn das sagt man nur zu einem dummen Kerl, der einem z'wider ist, aber der Ton, in dem sie den Schafskopf ausgesprochen hat, darin liegt die Liebe. D'rum sag' ich: auskennen muß man sich mit die Frauenzimmer.

(Die Gleichheit der Jahre. 2. Abth., 11. Scene.)

* * *

Treffend. Das is ja eine ganz verfehlte Spekulation; wenn man die Nachsicht des gereizten Armen braucht, soll man ihn am wenigsten erinnern an die angeborene Feindschaft zwischen Arm und Reich.

(Der Unbedeutende. 2. Akt, 23. Scene.)

* * *

Treffend. Maler. Dieselben hätten sich aber doch sollen gefälligst in Oel malen lassen.

Zwirn. Wegen meiner, wenn wir ein gutes Oel kriegen. Schau'n S' nur, daß S' mich gut treffen; es wär' schad' um jeden Zug, der daneben geht.

Maler. Ihre Nase ist sehr schwer zu treffen.

Zwirn. Meine Nasen? Gar nicht! Schau'n S', mir hat voriges Jahr im Bierhaus einer ein Halbeglas in's Gesicht g'haut, der hat meine Nase sehr gut getroffen, sag' ich Ihnen.

(Lumpacivagabundus. 1. Akt, 10. Scene.)

* * *

Trinker's Schutzengel. Eva. . . . . Du trinkst z'viel.

Pfriem. Das thu ich, um ein höhres Wesen zu demonstriren. Hast Du nie gehört, daß Kinder und Betrunkene einen Schutzengel haben? Kind bin ich schon lang keins mehr, also muß ich trinken, um mir meinen Schutzengel nicht zu verscherzen.

(Höllenangst. 1. Akt, 6. Scene.)

* * *

Trinkgeld. Was sagt man immer, wenn man einem Bedienten nix giebt? — „Es ist schon gut."

(Nagerl und Handschuh. 1. Akt, 5. Scene.)

* * *

Trockenes Viertel. Leim. Astronom, schau, daß bei Dir einmal ein trockenes Viertel eingeht.

(Lumpacivagabundus. 3. Akt, 11. Scene.)

* * *

Türkenweisheit. Therese. Soll man denn a Mäb'l ewig z' Haus b'halten?

Schippl. Freilich, a Mabl darf ja ka Luft haben, in der Luft werden's zu luftig; eingesperrt halten sie sich am besten. Das hat mir a Türk' g'sagt, der Deutsch können hat.
(Mein Freund. 1. Akt, 1. Scene.)

* * *

Ueberschätzung. Das is krasse Ueberschätzung der Livree, zu einem Domestiken „Empfehl' mich" sagen — zu einem Diener „Leben Sie wohl", das is Wohldienerei.
(Mein Freund. 1. Akt, 6. Scene.)

* * *

Unmenschen. Bei Männern giebt's keine Menschenkenntniß; denn wenn man f' kennt, so lernt man f' als Unmenschen kennen.
(Der Färber und sein Zwillingsbruder. 1. Akt, 13. Scene.)

* * *

Unterschied in der Liebe. Wie wir uns kennen gelernt haben, hat sie nichts gehabt, und ich war reich; jetzt ist sie reich und ich hab' nichts; das macht in der Liebe gerade so viel Unterschied, als ob sich eine Halsen auf der rechten oder linken Wabel setzt.
(Liebesgeschichten und Heirathssachen. 1. Akt, 4. Scene.)

* * *

Väterliche Autorität. Striezel. O, diesmal will ich ihm ein Kapitel über die väterliche Autorität mit Frakturbuchstaben auf den Buckel schreiben.
(Gleichheit der Jahre. 2. Abth. 1. Scene.)

* *

Vegetation. Zum Leben gehört sich, billig gerechnet, eine Million, und das is nicht genug, auch ein geist'ger Aufschwung g'hört dazu, und das find't man höchst selten beisammen; wenigstens, was ich von die Millionär' weiß, so führen fast alle aus millionärrischer Gewinn- und Vermehrungs-Passion ein so fades, trockenes Geschäftsleben, was kaum den blühenden Namen „Vegetation" verdient.
(Der Talismann. 1. Akt, 17. Scene.)

* *
*

Verblümt. Ich spreche gern verblümt, aber ich begleite meine Worte mit einem vielsagenden Wort nach der Thür, das jede Unverständlichkeit beseitigt, Adieu!
(Unverhofft. 2. Akt, 14. Scene.)

* *
*

Verbrecher-Seele. Die Seel' eines Verbrechers is eine Nachteule, beim Tag' is sie stumpfsinnig, aber wie's dämmert, flattert s' auf, und mit der Finsterniß wachst die Klarheit ihrer Katzenaugen ... in jedem Winkel eine bleiche Gestalt.
(Der Zerrissene. 3. Akt, 8. Scene.)

* *
*

Verfolgte Unschuld. Wendelin. Aber so geschwind! Daß mich der Teufel heut schon holt ... so indiskret hat er sich noch gegen Niemand benommen. Wie haben die alle Welt genossen, die satansbündigen Ritter, diese Don Juans, diese Doktor Fauste ... und nur ich! Sonst heißt's immer Leben, Thaten und Höllenfahrt ... und ich hab' nicht gelebt, ich hab' nichts gethan und muß doch in die Hölle fahren ... und so als Unschuld.
(Höllenangst. 3. Akt, 9. Scene.)

* *

Vergnügen des Alters. Das ist ja das Vergnügen der alten Tage, daß man Alles besser einsieht, daß man sich einbildet, g'scheiter zu sein, und daß man sich mit dem Gedanken foppt: „Wenn ich noch einmal jung wäre, jetzt thät' ich anders handeln!" Dieses Vergnügens beraubt man sich offenbar, wenn man in der Jugend schon gescheit und vernünftig wär'.
(Umsonst. 1. Akt, 5. Scene.)

* * *

Verschiedenartige Werthschätzung. Lampl. Wer is sie denn, die Marie?

Victor. Früher Pflegekind, und jetzt Pflegerin meines Großvaters, den sie auch um den Preis meiner Liebe nicht verlassen will.

Lampl. Ja, die Marien haben meistens solche Grundsätze; eine Julie oder so was wär' schon eher mitgangen.

Victor. Ich wenigstens muß mir jede Klara fromm denken, jede Rosa kindlich, jede Auguste stolz, die Amalien sanft und hingebend, die Nanetten wirthschaftlich, die Louisen sentimental . . .

Lampl. Die Regerln schlampet und die Urscheln fad.
(Die Anverwandten. 1. Akt, 9. Scene,)

* * *

Verzweiflung. Adolf. Vater, Sie treiben mich zur Verzweiflung!

Schlucker. An der Krankheit ist noch kein Tandlerssohn gestorben.
(Zu ebener Erde und im ersten Stock. 1. Akt, 13. Scene.)

* * *

Vielseitig gebildet. Pfrim. Seh'n Sie, ich hab' ein vielseitig gebildetes Weib — einmal is sie Gattin, nachher Mutter, gleich darauf wiederum Ammel; und zur Abwechslung Krankenwärterin.
(Höllenangst. 3. Akt, 2. Scene.)

* * *

Visionen. Lips. Daß ich Dir also sag', ich hab' Visionen.

Kathi. Die Krankheit kennen wir nicht auf'm Land.

Lips. Das sind Phantasiegespinste, in den Hohlgängen des Gehirns erzeugt, die manchmal heraustreten aus uns, sich krampusartig aufstellen auf dem Nik'lomarkt der Einsamkeit — erloschene Augen rollen, leblose Zähne fletschen, uns mit drohender Knochenhand aufreiben zu mobrigen Grabesohrfeigen — das is Vision.
(Der Zerrissene. 2. Akt, 9. Scene.)

* * *

Die Vorsehung hat abgewirthschaftet. Wendelin. Die Vorsehung hat mit die Reichen, mit die Glücklichen zu viel zu thun, für die Armen bleibt ihr keine Zeit. Nur anschau'n den da drüben — (nach dem Palais deutend) der der Frau Mutter ihre kleine Pension g'stohlen hat, wie dem Alles geht nach Wunsch, während wir Hunger leiden —

Pfrim. Und ich meinen Durst kaum zur Hälfte stillen kann.

Wendelin. Und so geht's durch die Bank. Ich frag', warum tragt der Stromberg Goldstickerei auf'm Frack, während er Eisenschmiederei um die Pantalons verdient. — Zu was viel reden — man sieht's zu deutlich, die Vorsehung hat

abgewirthschaftet, der böse Feind hat ihr's Neujahr ab=
g'wonnen auf der Welt.
(Höllenangst. 1. Akt, 9. Scene.)

*   *   *

„Weggelegte" Kinder. In den Roman' haben die weg-
gelegten Kinder immer etwas um den Hals, was den Ur-
heber verrath'.
(Unverhofft. 1. Akt, 9. Scene.)

*   *   *

Wasserdichter Liebeswitz. Fanny. Ich hab' garnicht
aufgehört zu denken.

Nobel (für sich). Das ist der wasserdichteste Liebeswitz,
so abstrapazirt, und noch alleweil zu gebrauchen.
(Liebesgeschichten und Heirathssachen. 1. Akt, 11. Scene.)

*   *   *

Weibliche Struktur. . . . Die Nerven von Spinnen-
geweb', d' Herzen von Wachs und die Köpferl von Eisen,
das is ja der Grundriß der weiblichen Struktur.
(Der Talisman. 1. Akt, 17. Scene.)

*   *   *

Die Welt als Vorstellung. Meine Reisen, das war
das letzte hinausgeworfene Geld! Ich hab' sollen die Welt
kennen lernen und ich hab' gefunden, die Welt ist grad'
so, wie ich mir's vorgestellt hab'.
(Liebesgeschichten und Heirathssachen. 1. Akt, 4. Scene.)

*   *   *

Weltlauf. . . . Das Veilchen bringt sich z' allererst
hervor, kann's kaum erwarten, bis Frühjahr wird, über-
flügelt sogar das Gras, damit's nur ja früher als alle

andern Blumen da is auf'm Platz, wo steckt da die Bescheidenheit? Aber 's geht schon so; so kommt auch mancher Mensch zu einem Renommee, er weiß nicht wie! Weltlauf!
(Das Mädl aus der Vorstadt. 2. Akt, 5. Scene.)

* * *

Weltschmerz. Ein königliches Paar sitzt seit Anbeginn auf dem Erdenthron und regiert den staatlichen Menschenbund, „Egoismus" heißt der Herrscher, die Herrscherin heißt „Eitelkeit" und die nimmersatten Leidenschaften bilden ihr verantwortliches Ministerium. . . .
(Die Anverwandten. 1. Akt, 5. Scene.)

* * *

Weltuntergang. Knieriem. Die glaubt net an den Kometen, die wird Augen machen. . . . Ich hab' die Sach' schon lang heraus. Das Astralfeuer des Sonnenzirkels ist in der goldenen Zahl des Urions von dem Sternbild des Planetensystems in das Universum der Parallaxe mittelst des Fixstern-Quadranten in die Ellipse der Elliptik gerathen; folglich muß durch die Diagonale der Approximation der perpendikulären Zirkeln der nächste Komet die Welt zusammenstoßen. Diese Berechnung is so klar wie Schuhwix. Freilich hat net jeder die Wissenschaft so im klein' Finger als wie ich; aber auch der minder Gebildete kann alle Tag' Sachen genug bemerken, welche deutlich beweisen, daß die Welt net lang mehr steht. Kurzum, oben und unten sieht man, es geht rein auf'n Untergang los.
(Lumpazivagabundus. 3. Akt, 8. Scene.)

* * *

Wenn Steine reden könnten. A G'spaß wär das, wenn so a Brillant-Diadem reden könnt', und mitten unter

die alten Brasilianer fanget auf einmal zu powidel'n an. Die Täuschung is halt 'was Allgemeines.
(Mein Freund. 2. Akt, 2. Scene.)

* * *

Werth der Arbeit. Alles mit Maß, die Weinerei is z'viel; wenn ein Göd stirbt, so weint man in der ersten Stund', und in der zweiten fragt man, ob er ei'm was vermacht hat, und is das net der Fall, so schimpft man in der dritten Stund' über ihn und in der vierten arbeit't man wieder drauf los, als wie vor und eh'.
(Der Zerrissene. 2. Akt, 1. Scene.)

* * *

Werthschätzung des Geldes. Einen Millionär, der die Sekunden zählt, darf man nicht eine Minute warten lassen.
(Der Zerrissene. 1. Akt, 12. Scene.)

* * *

Wider die Tyrannei. ... Freiheit is gar was Schreckliches. Der Herr Bürgermeister sagt immer: Der Regent is der Vater, der Unterthan is a klein's Kind, und die Freiheit is a scharf's Messer.
(Freiheit in Krähwinkel. 1. Aufzug, 17. Auftritt.)

* * *

Der sanfte Vater. Portier (zu seiner Tochter Leni). Ich weiß nix, das is Dein Glück, denn wenn ich mal was weiß, da is der sanfte Vater um's Eck, und ich bin ein rein aufgebrachter Portier.
(Höllenangst. 3. Akt, 1. Scene.)

* * *

Zartgefühl. Wirth. Und Sie Mann ohne Guldenzettel, Sie haben sich unterstanden, da zu zehren, wie ein Lord?

Nobel. Das geschah aus Schonung für den Ruf Ihres Hotels. Wäre es Ihnen denn angenehm, wenn 's ha'ßet: das ist ein Spelunken, da kehrt lauter pauvres Gesindel ein.
(Liebesgeschichten und Heirathssachen. 1. Akt, 6. Scene.)

* * *

Zeitrechnung. . . . Sie sind, seit Sie majorenn waren, neuerdings ein erwachsenes Frauenzimmer geworden.
(Liebesgeschichten und Heirathssachen. (1. Akt, 9. Scene.)

* * *

Sicherer Zufluchtsort. Der Ort, wo Du die 286 Gulden 36 Kreuzer schuldig bist, dort bist Du am sichersten, dort wird Dich Niemand suchen. . . . Sehen Sie, so muß ein akkurater Mensch selbst seine Schulden zu benützen wissen.
(Liebesgeschichten und Heirathssachen. 3. Akt, 1. Scene.)

* * *

Zweifelsucht. . . . Na ja, warum soll ich denn nicht zweifeln, wenns mir eine Erleichterung schafft? Zweifeln kann man an Allem, unter zehnmal zweifelt man neunmal gewiß mit vollem Recht.
(Höllenangst. 1. Akt, 14. Scene.)

* * *

Zu kühne Wünsche. . . . Zu kühne Wünsche kommen von erhitztem Gehirn; nehmen Sie Eisumschläge auf den Kopf, es kann nicht schaden.
(Zu ebener Erde und im ersten Stock. 1. Akt, 9. Scene.)